성막을 통한
전인적 회복

초판1쇄 2022년 3월 20일

지은이 : 임교희

펴낸이 : 이규종

펴낸곳 : 엘맨출판사
　　　　서울특별시 마포구 토정로222 한주출판콘텐츠센터

전화 : 02-323-4060

팩스 : 02-323-6416

출판등록 제 10호-1562(1985.10.29.)

값 13,000원

ISBN 978-89-5515-015-5

성막을 통한
전인적 회복

하나님의 사람을 만들어 가는 ELMAN

성막은 상징이 아닌 하나님과의 관계회복이다.

언택트 시대,
예배의 본질에 대하여 고민하지 않을 수 없는 시대가 되었다.
"해 아래 새 것이 없나니…"
모든 것이 하나님의 창조 안에서 발견되는 지혜일 뿐이다.

어느 날 새벽,
유난히 기도에 몰입된 시간이었다. 기도의 깊은 맛을 느끼며 실려 가던
중 무언가에 의해 나의 영과 혼 그리고 육체가 분리되는 느낌이 들었다.
혹시 나의 영혼을 새로운 세계로 경험케 하시려는 것은 아닐까?
기대하는 마음에 기도의 자리를 뜰 수가 없었다. 점점 방언이 테이프
풀리듯 느슨해지면서 혀가 굳어지기 시작했다. 영혼과 육이 이원된 느
낌이 들었다. 영혼 그리고 육이 분리되는 느낌이랄까? 끝내 혀가 점점
굳어 버리고 영은 떠 있는 듯했다. 순간 말이 막히고 벙어리가 되었는
데 기분은 나쁘지 않았고 마음과 얼굴은 해맑았다. 전혀 이 상황이 육
적으로 접근이 되지 않았고 영적인 기대치를 놓을 수가 없었다.
다시 강단 앞에 서서 주기도문, 사도신경을 읊조려 보려 했지만 혀는
풀리지 않았고 생각으로 대뇌일 뿐이었다. 영적인 기대를 포기할 수 없
어 찬양도 시도해 보았지만 역부족이었다. 마지막으로 내가 그리도 좋
아하는 삼위일체 하나님을 불러 본다.
성부 하나님!! (천지의 창조자요, 주인이신..)

성자 하나님!! (나를 위해 구속하신 유일하신 예수님.. 하염없이 눈물이
나왔다.)

성령 하나님!! (나를 나 되게 하시는 성령님..)

신기한 일이 일어났다. 혀가 안으로 말려 말이 막힌 상태에서 삼위일체
하나님만 말이 되는 것이었다. 다시 주기도문, 사도신경, 찬양을 불러
보려 하지만 역시 혀는 굳어 있었다. 다른 어떤 단어도 나오지 않았지
만 두 손을 들고 '하나님, 예수님, 성령님'을 부르면 혀가 풀렸다. 순간
주시는 음성이 있었다.

"너가 벙어리가 되어도 나를 찬양할 수 있겠니?"

나는 쉽게 대답이 나오지 않았다. 오히려 주님께 반문했다.

"벙어리가 되었는데 어떻게 찬양해요?"

말해 놓고도 곧 이 대답은 주님이 원하시는 대답이 아님을 알 수 있었
다. 나의 언어는 막히고 생각이 이중적으로 들어왔다. 육적인 염려와
영적인 기대.. 하지만 주님의 질문에 바른 대답을 드리지 못하는 나를
보면서 생각을 하나로 모으자는 마음의 결단이 서자 확신이 생겼다.

"주님 벙어리가 되어도 찬양할 수 있어요!! 벙어리가 되어도 찬양하며
살리라.."

물론 의학적인 문제도 있었으나 나의 혀는 영적인 문제로 풀렸다. 시간
이 지나 나는 의학적 도움을 받으면서도 문제 속에서 영적인 키를 받았
다.

"네 안에 성막을 세워라!"
너희는 너희가 하나님의 성전인 것과 하나님의 성령이 너희 안에
계신 줄을 알지 못하느냐 (고전 3:16)

처음에는 좀 생소했다. 그러나 기도를 하면 할수록 신비로운 경험
과 체험이 늘어나기 시작했다. 시대적인 영적 문제의 키를 주시
는 듯했다. 나에게 성막은 전혀 관심 분야가 아니었다. 구약의 역
사일 뿐이었다. 그러나 성령님의 지시 따라 접근되는 성막은 예수
그리스도 자체였다. 성막의 기명 하나하나가 주는 영적인 의미가
'예수 그리스도'를 상징하지 않는 것이 없었다.
60년 넘게 살고 35년의 목회를 하면서 내가 예수님과 이렇게 밀
착된 교제, 친밀한 교제를 했던가? 금식이 일상이 되었던 나의 삶
속에서도 경험할 수 없었던 영적 신비를 경험하게 하는 '성막영
성'을 통해 '관계회복'과 '예배회복'은 삶으로 드리는 향기로운 은
혜의 회복이었다.

'성막을 내 안에…'는 내 삶을 뒤덮는 영광의 자락을 잡는 듯하다.
삶으로 이어지는 향기로운 내음을 기대하며 '성막영성'에 도전해
본다.

시도교회
임교희 사모

c o n t e n t s

1

성막의 중요성

"성막은 인간의 회복을 위한 자비의 장소이다."

시대적 배경

·

성막이 주는 유익

·

관계를 회복하기 위해
주신 성막

1. 시대적 배경

성막은 지금으로부터 약 3,500년 전, 애굽에서 나온 이스라엘 백성들이 시내산에 도착했을 때 그들이 지키며 살아야 할 율법을 하나님께서 주셨는데 그 율법과 함께 주신 명령으로 이스라엘 진영 중앙에 세우게 하신 거룩한 집, 천막 성전이다. 성막은 이스라엘이 광야를 이동하는 동안 하나님의 집으로 사용되었기 때문에 일단은 설치와 해체가 용이한 가건물의 형태로 지어졌는데 광야의 거센 바람이나 어떤 열악한 환경 속에서도 견딜 수 있도록 튼튼한 재료와 견고한 형태로 제작되었다.

성막 제작에 관련된 내용들이 출애굽기에 무려 12장에 걸쳐 기록되었고, 성경 전체 50장에[1] 걸쳐 성막에 관해 기록되고 있다는 것은 이것이 하나님의 구속사에 얼마나 중요한 부분을 차지하는지를 충분히 짐작할 수 있게 한다.

성막은 하나님께서 사람들에게 자신을 나타내시는 표시였고 사람들에 대한 하나님의 구속의 의지가 드러난 장소이고 예수 그리스도의 모형이라고 할 수 있다. 성막 기구의 하나 하나가 예수 그리스도의 속성을 담고 있다. 성막을 펼치면 예수 그리스도이고, 예수님을 접으면 성막이다. 성막에서 중요한 것은 성막과 기구들, 그 형식들이 담고 있는 영적인 의미와 함께 지금 이 시대에 어떻게 적용될 수 있는가에 있다.

성전의
변천사

1. 에덴동산의 무성전시대- 창 2장
2. 가죽옷 시대- 창 3:21, 히 9:22
3. 돌단시대- 창 8:20-21, 창 12:7-8, 창 26:25, 창 35:7
4. 성막시대- 출 25장~
5. 장막시대- 수 4:19, 수 5:10, 수 18:1, 수 19:51, 삼상 1:9
6. 성전시대- 대하 3:1-2, 대하 8:1, 요 2:19-22
7. 교회시대(성령시대)- 고전 3:16, 고전 6:19, 엡 1:22, 딤전 3:15
8. 세마포시대(몸의 성전)- 고후 5:1, 계 19:8

---

1) 출애굽기 13장, 레위기 18장, 민수기 13장, 신명기 2장, 히브리서 4장(총 50장)

2. 성막이 주는 유익

🔶 삼위일체 하나님을 만날 수 있는 길이 된다.

_____ .

_____

_____

_____

🔶 예수님을 바로 알고 바로 믿을 수 있게 된다.

_____

_____

_____

_____

🔶 구원의 확고함을 소유하게 된다.

_____

_____

_____

_____

📖 생활신앙으로 성령의 열매를 얻게 된다.

_____

_____

_____

📖 하나님의 관점으로 사고체계의 변화를 느낄 수 있다.

_____

_____

_____

📖 예수님의 인격을 닮아내기에 가장 좋은 모형이다.

_____

_____

_____

📖 영혼의 종합진단을 받을 수 있다.

_____

_____

_____

3. 관계를 회복하기 위해 주신 성막

◆ 하나님과 나와의 관계

◆ 나와 나 자신과의 관계

◆ 나와 타인과의 관계

☙ 나와 자연과의 관계

_____

_____

_____

_____

☙ 나와 사물과의 관계

_____

_____

_____

_____

✝
적용
하기

하나. 성막과 하나님을 연결하라 (관계)

둘. 성막과 예수 그리스도를 연결하라 (계시)

셋. 성막과 나를 연결하라 (회복)

넷. 성막과 사명(삶)의 관계를 연결하라 (축복)

다섯. 성막과 공동체 교회를 연결하라 (연합)

성막은 생활의 중심이 되는 곳
(하나님 중심은 성전 중심, 삶의 중심은 예수 중심)

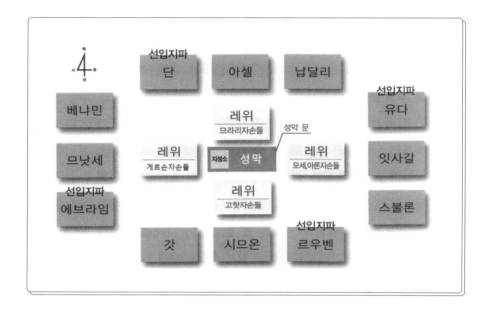

Note.

2

울타리와 문

(The Courtyard &
Gate of the Tabernacle)

"죄인이 의인이 되어 나오는 문"

울타리
(The Courtyard)

·

문
(Gate of the Tabernacle)

1. 울타리(The Courtyard)

울타리의 식양

"너는 성막의 뜰을 만들지니 남쪽을 향하여 뜰 남쪽에 너비가 백 규빗의 세마포 휘장을 쳐서 그 한 쪽을 당하게 할지니 그 기둥이 스물이며 그 받침 스물은 놋으로 하고 그 기둥의 갈고리와 가름대는 은으로 할지며 그 북쪽에도 너비가 백 규빗의 포장을 치되 그 기둥이 스물이며 그 기둥의 받침 스물은 놋으로 하고 그 기둥의 갈고리와 가름대는 은으로 할지며 뜰의 옆 곧 서쪽에 너비 쉰 규빗의 포장을 치되 그 기둥이 열이요 받침이 열이며 동쪽을 향하여 뜰 동쪽의 너비도 쉰 규빗이 될지며 문 이쪽을 위하여 포장이 열다섯 규빗이며 그 기둥이 셋이요 받침이 셋이요 문 저쪽을 위하여도 포장이 열다섯 규빗이며 그 기둥이 셋이요 받침이 셋이며 뜰 문을 위하여는 청색 자색 홍색 실과 가늘게 꼰 베 실로 수 놓아 짠 스무 규빗의 휘장이 있게 할지니 그 기둥이 넷이요 받침이 넷이며 뜰 주위 모든 기둥의 가름대와 갈고리는 은이요 그 받침은 놋이며 뜰의 길이는 백 규빗이요 너비는 쉰 규빗이요 세마포 휘장의 높이는 다섯 규빗이요 그 받침은 놋이 며 성막에서 쓰는 모든 기구와 그 말뚝과 뜰의 포장 말뚝을 다 놋으로 할지니라" (출 27:9-19)

(★출 38:9-20 참고)

☗ 성막의 총 평수는 378평이다. (1규빗을 50cm로 할 경우)

☗ 울타리는 가로 = 100규빗(50m), 세로 = 50규빗(25m), 높이 = 5규빗 (2.5m)로 되어 있다.

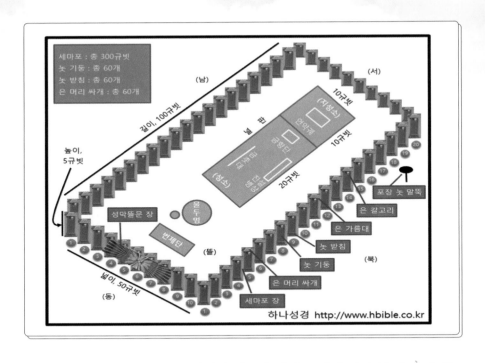

세마포 : 총 300규빗
놋 기둥 : 총 60개
놋 받침 : 총 60개
은 머리 싸개 : 총 60개

(남)

(서)

10규빗

(지성소)
언약궤

널 판

10규빗

높이,
5규빗

길이, 100규빗

분향단

속죄소

(성소)
등대
떡상
진설병

20규빗

물두멍

성막뜰문 장

번제단

포장 놋 말뚝

은 갈고리

은 가름대

놋 받침

놋 기둥

(북)

(돌)

너비, 50규빗

은 머리 싸개

(동)

세마포 장

하나성경 http://www.hbible.co.kr

🍞 울타리는 놋 기둥은 총 60개이다. (동과 서에 10개씩 남과 북에 20개씩)

🍞 60개 갈고리와 가름대는 은으로 만들었으며 놋 기둥의 안과 밖에는 놋 말뚝을 땅속에 박아서 줄로 튼튼하게 연결시켰다.

🦑 울타리는 세마포로 쳤다. (동쪽의 문 10m만 제외)

🦑 밖에서 안을 볼 수 없고, 안에서도 밖을 볼 수가 없다.

🦑 울타리는 찢어지거나 구멍이 뚫려서는 안 된다.

🦑 울타리 안은 속박이 아니라 해방이다.
  (그리스도 안이 넓은가? 세상이 넓은가?) (엡 1:23)

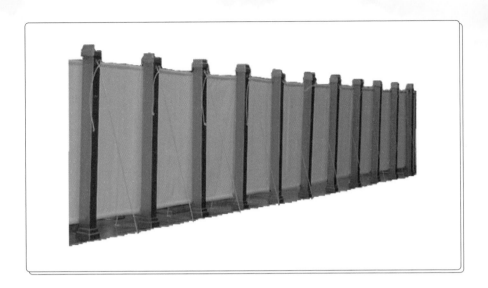

은	=	깨끗함과 구속
세마포	=	흠 없으신 예수 그리스도, 거룩하신 예수 그리스도,
		신부의 상징(성도의 옳은 행실)
놋	=	예수 그리스도의 십자가, 심판
기 둥	=	율법과 말씀

울타리가 주는 영적교훈

🔖 보호하심(시 91:10)

_____

_____

_____

_____

🔖 구별하심(시 65:4, 겔 42:20)

_____

_____

_____

_____

🔖 성결과 거룩(마 22:12-13)

_____

_____

_____

_____

삼겹줄 울타리를 세우라!

🔖 영적 울타리(믿음의 관계)

_____

_____

_____

🔖 혼적(정신적) 울타리(신뢰의 관계)

_____

_____

_____

🔖 육적 울타리(사랑의 관계)

_____

_____

_____

■ 울타리와 쇠창살의 차이는?

_____

_____

_____

Note.

2. 문(Gate of the Tabernacle)

문의 식양

"동쪽을 향하여 뜰 동쪽의 너비도 쉰 규빗이 될지며 문 이쪽을 위하여 포장이 열다섯 규빗이며 그 기둥이 셋이요 받침이 셋이요 문 저쪽을 위하여도 포장이 열다섯 규빗이며 그 기둥이 셋이요 받침이 셋이며 뜰 문을 위하여는 청색 자색 홍색 실과 가늘게 꼰 베실로 수 놓아 짠 스무 규빗의 휘장이 있게 할지니 그 기둥이 넷이요 받침이 넷이며" (출 27:13-16)

◈ 동쪽에 있는 유일한 문이다. (절대 진리와 상대적 진리)

_____

_____

_____

_____

◈ 이 문은 문턱이 없다. (초청 받은 자와 택함 받은 자)

_____

_____

_____

_____

◈ 청색, 자색, 홍색, 가늘게 꼰 베실(흰색)로 수놓아 짠 문이다.

_____

_____

_____

_____

☗ 이 문 안으로 들어가면 바깥과 구별된다.

_____

_____

_____

_____

☗ 가로= 20규빗(10m), 세로(높이)= 5규빗(2.5m)

_____

_____

_____

_____

문이 주는 영적교훈

🥮 성막문은 예수님이시다. (요 10:7, 요 14:6, 요 10:9)

성막의 문은 지성소 안에 법궤와 속죄소에 계신 하나님을 만나러 가는 첫 관문이다.

예수님은 천국 가는 구원의 문이 되시는 분이다.

_____

_____

_____

_____

🥮 예수님은 창조의 모든 축복을 회복시켜 주실 분이다.

_____

_____

_____

_____

■ 성막의 문은 동쪽에 있는 유일한 큰 문이다.

　★성막의 문은 왜 동쪽인가? (창 3:24)

_____

_____

_____

_____

■ 성막의 문은 생사의 문이고, 죄인이 의인이 되어 나오는 문이다.

_____

_____

_____

_____

문이 가지고 있는 예수 그리스도의 속성

🪙 생명이신 예수 그리스도(청색)

_____

_____

_____

_____

🪙 왕되신 예수 그리스도(자색)

_____

_____

_____

_____

🪙 고난 받으신 예수 그리스도(홍색)

_____

_____

_____

_____

● 부활과 승리, 순결하신 예수 그리스도(흰색)

_____

_____

_____

_____

_____

_____

**성막의
문과
사복음서**

청 색 - 요한복음(생명이신 예수 그리스도)

자 색 - 마태복음(만왕의 왕)

홍 색 - 마가복음(속죄와 희생)

흰 색 - 누가복음(부활, 정결, 승리)

성막의 세 가지 문

🔖 세상에서 성막으로 들어가는 문(포장) (출 27:16)
　 (구원의 문)

🔖 뜰에서 성소로 들어가는 문(문장) (출 26:37)
　 (회복의 문)

🕮 성소에서 지성소로 들어가는 문(휘장) (출 26:33)
  (하나님의 영광의 문)

_____

_____

_____

_____

★이 세 개의 성막의 문은 예수 그리스도의 육체의 상징이다. (히 10:20)

> **공통점** 청색, 자색, 홍색, 가늘게 꼰 베실(흰색)으로 만들어졌다.
>
> **차이점** 지성소로 들어가는 문 휘장은 그 위에 그룹 천사를 수놓았다.
>   휘장의 그룹천사 의미는 하나님의 임재와 함께 아담과 하와가
>   죄를 범한 후에 그룹천사가 두루 돌며 불칼과 함께 생명나무를
>   지켰음을 의미한다. (창3:24)

공통점
과
차이점

Note.

3
성막의 뜰
(The Courtyard)

"번제단의 화력이 심령의 뜨거움으로..."

번제단
(The Brazen Altar)

·

물두멍
(The Brazen Laver)

1. 번제단(The Brazen Altar)

번제단의 식양

"너는 조각목으로 길이가 다섯 규빗, 너비가 다섯 규빗의 제단을 만들되 네모 반듯하게 하며 높이는 삼 규빗으로 하고 그 네 모퉁이 위에 뿔을 만들되 그 뿔이 그것에 이어지게 하고 그 제단을 놋으로 싸고 재를 담는 통과 부삽과 대야와 고기 갈고리와 불 옮기는 그릇을 만들되 제단의 그릇을 다 놋으로 만들지며 제단을 위하여 놋으로 그물을 만들고 그 위 네 모퉁이에 놋 고리 넷을 만들고 그물은 제단 주위 가장자리 아래 곧 제단 절반에 오르게 할지며 또 그 제단을 위하여 채를 만들되 조각목으로 만들고 놋으로 쌀지며 제단 양쪽 고리에 그 채를 꿰어 제단을 메게 할지며 제단은 널판으로 속이 비게 만들되 산에서 네게 보인 대로 그들이 만들게 하라" (출 27:1-8)

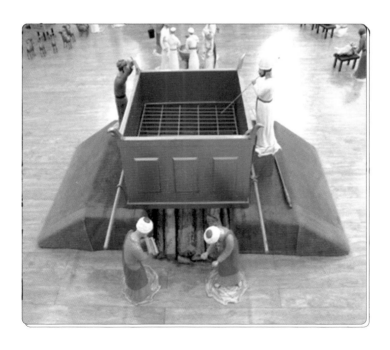

☞ 번제단의 번제는 히브리어로 '올라간다'는 뜻이고, 단은 '죽이다, 학살하다'는 뜻이다.

_____

_____

_____

☞ 조각목(싯딤나무)으로 만들고 놋으로 쌌다.

_____

_____

_____

☞ 가로=5규빗, 세로=5규빗, 높이=3규빗

_____

_____

_____

☞ 정사각형이며 네 개의 뿔이 있고 가운데는 그물망이 있다.

_____

_____

_____

🟫 놋고리 네 개에 한 쪽에 두 개씩 양편으로 있다.

_____

_____

_____

🟫 멜 채는 조각목으로 만들고 놋으로 쌌다.

_____

_____

_____

🟫 번제단의 보조기구가 있다. (재 담는 통, 부삽, 대야, 고기 갈고리, 불 옮기는 그릇 등은 놋으로 만듦)

_____

_____

_____

번제단의 뜻과 위치

🔶 성막문에 들어서면 제일 먼저 보이는 것이 큰 번제단이다.
하나님께 바치는 제물을 불로 태워서 향연의 연기로 올려드리는 의로
운 제사를 의미한다.

_____

_____

_____

🔶 번제단은 죄를 범한 이스라엘 백성이 죄사함을 받은 유일한 은총의
장소이다. (소, 양, 염소, 비둘기가 제물이 되어야 한다.)

_____

_____

_____

🔶 생명의 법칙은 누군가가 죽어야 누군가가 산다.
피 흘림이 없이는 죄사함이 없다. (히 9:22)

_____

_____

_____

번제단의 특성

🔹 번제단은 곧 십자가와 교회, 그리스도인의 특성이다. 이는 세상과 구별됨을 의미하며 구별됨이 없으면 번제단이라 할 수 없다.

🔹 번제단은 피가 항상 뿌려져서 강수같이 흐르고 있다. 십자가에도 인류의 죄를 대속하신 보혈의 피가 흐르고 있으며 그리스도인과 공동체 교회 안에도 예수 그리스도의 피가 흐르는 곳이 되어야 한다.
우리 모두는 예수 그리스도의 핏값을 지불하고 산 자들이다.

번제단이 주는 영적 교훈

🔖 번제단은 죄와 이혼하고, 그리스도와 결혼하는 곳이다.

(번제단에서 무덤을 파라. 무덤이 열릴 때까지… 예수와 함께 죽고 예수와 함께 부활하는 경험을 하라)

_____

_____

_____

🔖 번제단은 죄인을 향한 하나님의 사랑과 복음의 최상의 진수인 생명의 법칙이 실현되는 곳이다.

_____

_____

_____

🔖 번제단은 예수님의 갈보리산 십자가의 대속의 제단이며 하나님의 속성 중에 사랑과 공의(정의)의 두 속성이 100% 입증되고 성취되는 곳이다.

_____

_____

_____

☞ 번제단(십자가)은 율법의 요구인 의(義)와 죄값(사망)을 성취시켜 주는 완성의 제단이기도 하다.

_____

_____

_____

☞ 번제단(십자가)은 죄인은 죽고(옛사람), 예수 그리스도 안에서 새생명을 소유한 그리스도인이 탄생하는 곳이다.

_____

_____

_____

☞ 번제단의 조각목은 육을 입고 오신 예수 그리스도의 인성을 의미한다. (사 53:2)

_____

_____

_____

☙ 번제단의 놋은 하나님의 심판이고 예수 그리스도의 십자가를 의미한다. (민 21:8-9, 요 3:14)

_____

_____

_____

☙ 번제단의 흠 없는 제물은 죄 없는 의인 예수 그리스도를 예표한다.

_____

_____

_____

☙ 번제단의 제물이 반드시 안수받고 죽어야 하는 이유는 예수님이 인류의 죄를 대속한다는 예표이다.

_____

_____

_____

🍃 번제단의 제물이 온 몸에 각이 떠져야 하는 이유는 예수님의 거룩한
몸에서 물과 피를 다 쏟아주신다는 의미이다.

🍃 번제단의 불(레 9:24)은 하늘에서 내려온 여호와의 불이다.
(성령의 불, 사랑의 불, 말씀의 불)이 불이 꺼지면 안 된다.
번제단의 불은 성소의 분향단에서도 필요하**다**.

🍃 성막의 뜰에서 토설기도를 하라.

번제단의 네 개의 뿔

성막 안의 성물 중에는 네모진 것이 네 개[2]가 있다. 이것은 하나님의 공의성(정의성)을 의미한다. 번제단(십자가)은 십자가 사랑의 하나님 공의, 하나님의 주권이 입증된 곳이다. 번제단(십자가)는 죽음과 생명이 복합된 곳이며 심판과 사랑이 복합된 곳이며 율법과 복음이 함께 복합된 곳이다. (갈 5:24)

☆ 번제단의 네 개의 뿔이 주는 상징성 ☆

- 번제단의 뿔을 잡으면 산다.
  (구원의 뿔, 은혜의 뿔, 용서의 뿔, 자비의 뿔)

_____

_____

_____

- 뿔은 영적으로 권세와 힘을 상징해 준다. (시 18:1)

_____

_____

_____

---

2) 네 개는 번제단, 분향단, 판결 흉패, 지성소

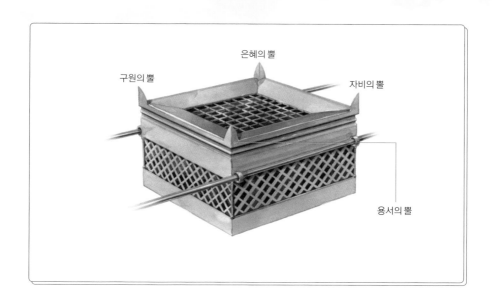

은혜의 뿔

구원의 뿔

자비의 뿔

용서의 뿔

📦 첫 번째 뿔 - 구원의 뿔(생 명) (롬 8:2, 갈 2:20)

_____

_____

_____

📦 두 번째 뿔 - 은혜의 뿔(신분의 변화) (롬 5:2, 8, 17)

_____

_____

_____

🏛 세 번째 뿔 - 용서의 뿔(용서받은 죄인) (마 18:21-35)

_____

_____

_____

_____

🏛 네 번째 뿔 - 자비의 뿔(은혜 위에 은혜) (요 1:16)

_____

_____

_____

_____

▓ 십계명과 세운 성막 ▓
(번제단에서 십계명(1-4계명)으로 담금질하라)

제 1계명   너는 나 외에는 다른 신들을 네게 두지 말라 (출 20:3)

제 2계명   너를 위하여 새긴 우상을 만들지 말고 또 위로 하늘에
            있는 것이나 아래로 땅에 있는 것이나 땅 아래 물 속에
            있는 것의 어떤 형상도 만들지 말며 그것들에게 절하지
            말며 그것들을 섬기지 말라 (출 20:4-5)

제 3계명   너는 네 하나님 여호와의 이름을 망령되게 부르지 말라
            (출 20:7)

제 4계명   안식일을 기억하여 거룩하게 지키라 (출 20:8)

Note.

2. 물두멍(The Brazen Laver)

물두멍의 식양

"너는 물두멍을 놋으로 만들고 그 받침도 놋으로 만들어 씻게 하되 그것을 회막과 제단 사이에 두고 그 속에 물을 담으라 아론과 그의 아들들이 그 두멍에서 수족을 씻되 그들이 회막에 들어 갈 때에 물로 씻어 죽기를 면할 것이요 제단에 가까이 가서 그 직분을 행하여 여호와 앞에 화제 를 사를 때에도 그리 할지니라 이와 같이 그들이 그 수족을 씻어 죽기를 면할지니 이는 그와 그 의 자손이 대대로 영원히 지킬 규례니라" (출 30:18-21)

"그가 놋으로 물두멍을 만들고 그 받침도 놋으로 하였으니 곧 회막 문에서 수종드는 여인들의 거울로 만들었더라" (출 38:8)

☙ 물두멍은 번제단과 회막 사이에 놓여 있고 그 안에 물이 항상 가득
  담겨 있었다.

_____

_____

_____

_____

☙ 회막문의 수종드는 여인들의 놋거울로 만들었다.

_____

_____

_____

_____

☙ 제한된 크기와 무게가 없다. (규격이 없는 물두멍의 은혜)

_____

_____

_____

_____

물두멍이 주는 영적 교훈

🥘 물두멍은 히브리어로 '키요르'라고 하는데, 그 뜻은 "둥근, 도려낸, 솥"이라는 의미를 가지고 있다.

_____

_____

_____

_____

🥘 물두멍의 물에서 손과 발을 반드시 씻어야 한다.
(물두멍은 성소에 들어가는 방법일 뿐 정결과 성결이 목적이 되어야 한다.) (요일 1:7)

_____

_____

_____

_____

☙ 제사장들에게 있어 물두멍의 씻음은 선택이 아니라 죽고 사는 문제였다.

_____

_____

_____

_____

☙ 성막시대에는 제사장만이 사용하는 구별된 곳이었다. 그러나 지금은 예수 그리스도께서 십자가의 피로 지성소의 휘장을 찢어주셨음으로 예수님을 영접한 사람은 만인제사장의 자격을 얻었다. (벧전 2:9)

_____

_____

_____

_____

🜊 물두멍에서 보혈과 성령에 대한 지식을 준비하라.
　(정결케 하는 보혈의 물)

　　_____

　　_____

　　_____

　　_____

🜊 물두멍에서 말씀의 빛을 체험하라.
　신약 시대의 물두멍의 의미는 예수 그리스도의 흘리신 피로 씻음 받
　고 성경 말씀으로 자신을 비추어 보는 거울이 되어야 한다.
　(요 3:5, 약 1:23, 딤전 4:5, 마 4:4)

　　_____

　　_____

　　_____

　　_____

🍲 물두멍에서 예수 그리스도와의 관계 영성을 점검하라.

여인들의 재산 목록 1호였던 놋거울의 상징. (신랑과 신부 비유)

_____

_____

🍲 물두멍에서 만나야 하는 세 가지

- 물과 성령
- 신분의 변화된 나
- 말씀이 육신이 되신 예수님

_____

_____

_____

🍲 관유는 종교적 목적과 개인적 몸단장의 의미를 두고 있다. 관유는 향기
로운 냄새가 나는 기름으로 거룩하게 구별됨을 의미한다. (출 30:22-33)

_____

_____

_____

Note.

4
성소
(The holies)

"성소에서 에덴의 풍요를 누려라"

성소 덮개
(Tabernacle coverings and curtains)
·
널 판(The Frame)
·
분향단(The Altar of Incense)
·
떡 상(The Veil)
·
촛 대
(The Golden Lampstand)

1. 성소 덮개(Tabernacle coverings and curtains)

성소 덮개의 식양

"너는 성막을 만들되 가늘게 꼰 베실과 청색 자색 홍색 실로 그룹을 정교하게 수 놓은 열 폭의
휘장을 만들지니 매 폭의 길이는 스물여덟 규빗, 너비는 네 규빗으로 각 폭의 장단을 같게 하고
그 휘장 다섯 폭을 서로 연결하며 다른 다섯 폭도 서로 연결하고 그 휘장을 이을 끝폭 가에 청색
고를 만들며 이어질 다른 끝폭 가에도 그와 같이 하고 휘장 끝폭 가에 고 쉰 개를 달며 다른 휘
장 끝폭 가에도 고 쉰 개를 달고 그 고들을 서로 마주 보게 하고 금 갈고리 쉰 개를 만들고 그 갈
고리를 휘장을 연결하여 한 성막을 이룰지며 그 성막을 덮는 막 곧 휘장을 염소털로 만들되 열
한 폭을 만들지며 각 폭의 길이는 서른 규빗, 너비는 네 규빗으로 열한 폭의 길이를 같게 하고
그 휘장 다섯 폭을 서로 연결하며 또 여섯 폭을 서로 연결하고 그 여섯째 폭 절반은 성막 전면에
접어 드리우고 휘장을 이을 끝폭 가에 고 쉰 개를 달며 다른 이을 끝폭 가에도 고 쉰 개를 달고
놋 갈고리 쉰 개를 만들고 그 갈고리로 그 고를 꿰어 연결하여 한 막이 되게 하고 그 막 곧 휘장
의 그 나머지 반 폭은 성막 뒤에 늘어뜨리고 막 곧 휘장의 길이의 남은 것은 이쪽에 한 규빗, 저
쪽에 한 규빗씩 성막 좌우 양쪽에 덮어 늘어뜨리고 붉은 물 들인 숫양의 가죽으로 막의 덮개를
만들고 해달의 가죽으로 그 윗덮개를 만들지니라" (출 26:1-14)

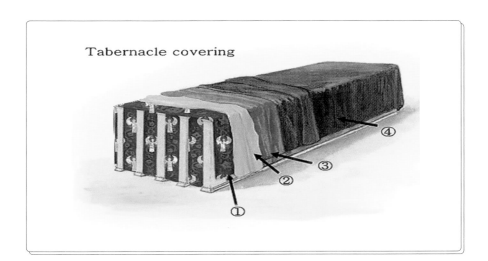

Tabernacle covering

☗ 성소 덮개는 4가지로 덮여 있다.

제1덮개
청색, 자색, 홍색, 가늘게 꼰 베실(흰색)로 그룹 천사를 수놓아 만들었다.

_____

_____

제2덮개
염소털로 만들어 짠 덮개이다.

_____

_____

제3덮개
붉게 물들인 수양의 가죽으로 만들었고 제 2덮개 보다 크게 만들었다.

_____

_____

제4덮개
해달의 가죽으로 만들었고 제 3덮개 보다 크게 만들었다.

_____

_____

성소 덮개가 주는 영적 교훈

🔲 성소 덮개는 밖에서는 하나님의 보호, 안에서는 하나님의 임재를 상징한다.

_____

_____

_____

🔲 제 1 덮개는 하나님의 임재를 의미한다.
성소 안에는 황금 찬란한 보석의 집이다. 그리고 여호와의 임재를 상징하는 덮개이다.

_____

_____

_____

🔲 제 2 덮개는 제물을 의미한다.
흠 없으신 예수 그리스도가 제물이 되어 주심을 의미한다.

_____

_____

_____

🐚 제 3 덮개는 고난을 의미한다.

희생양의 피흘림과 예수 그리스도의 십자가의 고난과 피흘림을 의미한다.

🐚 제 4 덮개는 외부로부터의 완벽한 보호를 의미한다.

겉으로 보이는 성막의 모습은 물개가죽(해달의 가죽)으로 초라한 모습이
며 인간들의 마음을 사로잡을 만한 모양은 아니다. 성막의 덮개는 겉으
로 보이는 예수님의 육체를 표현하는 것이다.

Note.

2. 널판(The Frame)

널판의 식양

> "너는 조각목으로 성막을 위하여 널판을 만들어 세우되 각 판의 길이는 열 규빗, 너비는 한 규빗 반으로 하고 각 판에 두 촉씩 내어 서로 연결하게 하되 너는 성막 널판을 다 그와 같이 하라 너는 성막을 위하여 널판을 만들되 남쪽을 위하여 널판 스무 개를 만들고 스무 널판 아래에 은 받침 마흔 개를 만들지니 이쪽 널판 아래에도 그 두 촉을 위하여 두 받침을 만들고 저쪽 널판 아래에도 그 두 촉을 위하여 두 받침을 만들지며 성막 다른 쪽 곧 그 북쪽을 위하여도 널판 스무 개로 하고 은 받침 마흔 개를 이쪽 널판 아래에도 두 받침, 저쪽 널판 아래에도 두 받침으로 하며 성막 뒤 곧 그 서쪽을 위하여는 널판 여섯 개를 만들고 성막 뒤 두 모퉁이 쪽을 위하여는 널판 두 개를 만들되 아래에서부터 각기 두 겹 두께로 하여 윗고리에 이르게 하고 두 모퉁이 쪽을 다 그리하며 그 여덟 널판에는 은 받침이 열여섯이니 이쪽 판 아래에도 두 받침이요 저쪽 판 아래에도 두 받침이니라 너는 조각목으로 띠를 만들지니 성막 이쪽 널판을 위하여 다섯 개요 성막 저쪽 널판을 위하여 다섯 개요 성막 뒤 곧 서쪽 널판을 위하여 다섯 개이며 널판 가운데에 있는 중간 띠는 이 끝에서 저 끝에 미치게 하고 그 널판들을 금으로 싸고 그 널판들의 띠를 꿸 금고리를 만들고 그 띠를 금으로 싸라 너는 산에서 보인 양식대로 성막을 세울지니라"
>
> (출 26:15-30)

🕮 성소의 벽체를 의미하는 널판은 조각목(싯딤나무)으로 만들어졌다.

🕮 남쪽 20개, 북쪽 20개, 서쪽에는 벽에 6개, 모퉁이에 2개로 8개이며 모두 40개의 널판이 필요했다.

➣ 한 널판마다 은받침이 2개씩 들어갔으며 은받침은 총 96개가 필요했다.

_____

_____

_____

_____

_____

➣ 널판에도 보이는 띠 네줄이 있고, 속으로 보이지 않는 한 줄의 띠가 있어 모두 다섯 띠의 줄로 연결되어 있다.

_____

_____

_____

_____

_____

🍥 널판의 높이는 10규빗(5m)이며, 넓이는 1규빗 반(75cm)으로 각각 만들
어졌다.

🍥 널판의 받침은 은으로 만들었고, 조각목의 널판은 금으로 쌌다.[3]

---

3) 성막에 쓰여진 금은 하나님의 신성을 의미한다.(비손강 창 2:11) 은은 생명의 속전과 생명의 구속, 소유권을
하나님께 넘긴다는 뜻이다. 낮은 하나님의 심판을 의미한다.

널판이 주는 영적 교훈

🕮 조각목(널판)은 영적으로 버림받은 인간을 의미하며 금은 예수 그리스
도를 향한 믿음을 의미한다.

🕮 하나님의 집인 황금집, 성소는 금으로 싼 조각목(널판)으로 둘러싸여 하
나님의 속성인 영원성(불변)을 의미한다.

🍞 금띠장이 주는 교훈은,

첫째, 성령의 띠장이다. 성령의 띠로 튼튼하게 연결되어 있는 성도만이 초대교회의 성도들처럼 자신을 이기고 현실에 도전하고 사단을 지배하며 복음을 전하는 증인으로의 사명을 감당할 수 있다.

둘째, 말씀의 띠장이다. (엡 6:14) 이제는 묵은 띠, 썩은 띠, 옛사람의 띠, 세속적인 띠 줄을 끊어버리고 예수 안에서 진리의 말씀의 금띠줄을 튼튼하게 겹겹이 동여 메고 광야 세상에서 주신 복음의 사명을 감당하는 성도가 되어야 한다.

셋째, 사랑의 띠장이다. 조각목 널판은 버림받은 인간의 모습이며 금으로 감싸 연결하여 붙잡아 주고 있는 예수님의 사랑의 띠줄을 의미한다.

🍞 성막의 벽체는 공동체 의식을 심어준다.

Note.

3. 분향단(The Altar of Incense)

분향단의 식양

"너는 분향할 제단을 만들지니 곧 조각목으로 만들되 길이가 한 규빗, 너비가 한 규빗으로 네모가 반듯하게 하고 높이는 두 규빗으로 하며 그 뿔을 그것과 이어지게 하고 제단 상면과 전후 좌우 면과 뿔을 순금으로 싸고 주위에 금 테를 두를지며 금 테 아래 양쪽에 금 고리 둘을 만들되 곧 그 양쪽에 만들지니 이는 제단을 메는 채를 꿸 곳이며 그 채를 조각목으로 만들고 금으로 싸고 그 제단을 증거궤 위 속죄소 맞은편 곧 증거궤 앞에 있는 휘장 밖에 두라 그 속죄소는 내가 너와 만날 곳이며 아론이 아침마다 그 위에 향기로운 향을 사르되 등불을 손질할 때에 사를지며 또 저녁 때 등불을 켤 때에 사를지니 이 향은 너희가 대대로 여호와 앞에 끊지 못할지며 너희는 그 위에 다른 향을 사르지 말며 번제나 소제를 드리지 말며 전제의 술을 붓지 말며 아론이 일년에 한 번씩 이 향단 뿔을 위하여 속죄하되 속죄제의 피로 일 년에 한 번씩 대대로 속죄할지니라 이 제단은 여호와께 지극히 거룩하니라" (출 30:1-10)

"또 다른 천사가 와서 제단 곁에 서서 금 향로를 가지고 많은 향을 받았으니 이는 모든 성도의 기도와 합하여 보좌 앞 금 제단에 드리고자 함이라 향연이 성도의 기도와 함께 천사의 손으로부터 하나님 앞으로 올라가는지라 천사가 향로를 가지고 제단의 불을 담아다가 땅에 쏟으매 우레와 음성과 번개와 지진이 나더라" (계 8:3-5)

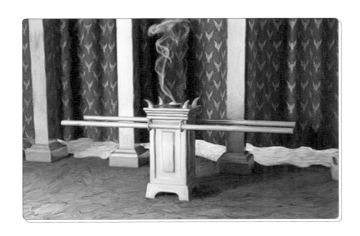

🟫 조각목으로 만들고 정금으로 쌌다.
　(그리스도의 인성을 의미하는 조각목, 그리스도의 신성을 의미하는 금)

_____

_____

🟫 가로는 1규빗, 세로는 1규빗, 높이는 2규빗의 정사각형으로 만들었다.

_____

_____

_____

🟫 네 모퉁이에 네 개의 뿔이 있다.

_____

_____

_____

☛ 단 상단 부분에 금테를 만들었다.

_____

_____

_____

_____

_____

☛ 분향단의 향기로운 향연은 성소와 지성소를 가득 채웠다.

_____

_____

_____

_____

_____

분향단의 뜻과 위치

☙ 분향단은 히브리어로 '제단'이라는 '미즈베아'와 향을 뜻하는 '케토레트'를 쓴다.
그 뜻은 향을 태우는 곳, 향을 피워서 드리는 곳이라는 뜻이다.

_____

_____

_____

_____

_____

☙ 성소에 들어서면 왼쪽에는 촛대가 있고 맞은 편 오른쪽에는 떡상이 있고 가운데 중앙 휘장 앞에는 분향단이 놓여져 있다.

_____

_____

_____

_____

_____

분향단이 주는 영적교훈

🔹 다른 불을 사용하지 말라. (번제단의 불씨)

_____

_____

_____

_____

_____

🔹 인격의 향을 올려라. 자신을 갈아 올려라.

_____

_____

_____

_____

_____

● 기도의 향을 올려라. (성토기도)
영적인 기도 | 혼적인 기도 | 몸의 기도

_____

_____

_____

_____

● 분향단은 하나님과 인간 사이에 중보자 되시는 예수 그리스도를 의미한다.

_____

_____

_____

_____

🔲 분향단의 5가지 향의 재료는 예수님의 인격을 의미한다.
(출 30:34-38) (예수님과 인격의 일치)

소합향
히브리어 '나타프'의 뜻은 '물방울'이다. 나무의 수액을 추출해서 모은 것으로 향을 피우고 치료제로도 사용했다. 나무에서 나오는 진액이다. (감사와 찬양)

나감향
깨뜨리시는 하나님, 번역된 히브리어로 '세헬레트' 어패류(조개류)를 깨뜨려 곱게 빻아낸 것이다. (겸손의 향)

풍자향
키가 크고 당근과 비슷하게 생긴 지중해 산 다년생 뿌리에서 점액을 채취하여 얻은 액체이다. 히브리어 '헬베나'로 '풍성하다. 기름지다'라는 뜻을 가지고 있다. 네 가지 향 중에서 강한 향을 가지고 있는 향료이고, 짐승들이 이 향을 아주 싫어한다. 짐승들의 독성을 제거하는 치료제이기도 하다. (소독제-회개, 중보기도)

유향

성결케 하시는 하나님, 번역된 히브리어 '레보나' 성경에 17번이나 언급이 되었다. 감람과의 낙엽성 관목의 줄기에서 얻은 수액이다. 독성이 없으면서도 강력한 방부작용과 정신적 치료에 상당한 효과를 낸다. 정신과 몸을 깨끗하게 하며 시체가 썩지 않도록 방부제 역할을 한다. (보혈)

소금

치유와 언약, 그리고 맛을 내는 사명을 가지고 있다.
예수님의 인격, 성품의 맛에 저려져야 한다. (마5:11-16)

분향단의 네 가지 뿔

- 첫 번째 뿔- 권능의 뿔
  사명이 우선일 때 주시는 선물. (능력이 먼저인가? 사명이 먼저인가?)

- 두 번째 뿔- 사명의 뿔
  상처가 사명이 되었다. 감동이 사명이 되었다. 부담이 사명이 되었다.

- 세 번째 뿔- 사랑의 뿔
  은혜가 사명이 되었고, 사명이 사랑이 되었다.

- 네 번째 뿔- 순교의 뿔(희생과 헌신)
  감사로의 희생과 헌신이 순교가 되었다.

분향단에서 4대강이 흐르게 하라!

(계 9:13-14, 창 2:10-14)

🕮 비 손 강

바위보다 순금이 많았던 곳.

'쏟아져 나오는 물, 넘쳐 흐르다'라는 뜻을 가지고 있다.

시험을 통과한 자, 금과 같은 믿음

_____

_____

_____

_____

🕮 기 혼 강

기도의 땀과 눈물, 피를 경험한 자에게 주시는 행복.

'터져나옴'이라는 의미를 가지고 있으며 절대적 평안과 희락의 기쁨을 의미한다.

_____

_____

_____

_____

🔖 힛데겔강

'빠름, 급류'라는 뜻을 가지고 있지만 풀리는 은혜와 은총, 빠른 응답을
의미한다.

_____

_____

_____

_____

🔖 유브라데강

'풍성하다, 베풀고 섬기고 쓰고도 남는 은혜'를 의미한다. (창 15:18)

_____

_____

_____

_____

🔶 분향단에서는 예수님과 인격의 일치를 목표로 한다.

_____

_____

_____

_____

🔶 분향단은 창조적 자아, 슈퍼 자아를 만나는 장소이기도 하다.

_____

_____

_____

_____

💿 분향단의 의미는 은혜에서 사명으로, 사명에서 사랑으로의 성숙이다.

_____

_____

_____

_____

_____

💿 영성은 깊게, 인격은 높게, 믿음은 크게 이것이 우리의 영성이다.

_____

_____

_____

_____

_____

- 분향단은 믿음으로 가는 길이다.
- 떡상은 사랑으로 가는 길이다.
- 촛대는 소망으로 가는 길이다.

▀ 십계명과 세운 성막 ▀

(분향단에서 십계명(5-10계명)으로 기도하기)

제 5계명 네 부모를 공경하라 (출 20:12)

제 6계명 살인하자 말라 (출 20:13)

제 7계명 간음하지 말라 (출 20:14)

제 8계명 도둑질하지 말라 (출 20:15)

제 9계명 네 이웃에 대하여 거짓 증거하지 말라 (출 20:16)

제10계명 네 이웃의 집을 탐내지 말라 (출 20:17)

Note.

4. 떡상(진설병을 두는 상, The Table of Showbread)

떡상의 식양

"너는 조각목으로 상을 만들되 길이는 두 규빗, 너비는 한 규빗, 높이는 한 규빗 반이 되게 하고 순금으로 싸고 주위에 금 테를 두르고 그 주위에 손바닥 넓이만한 턱을 만들고 그 턱 주위에 금으로 테를 만들고 그것을 위하여 금 고리 넷을 만들어 그 네 발 위 네 모퉁이에 달되 턱 곁에 붙이라 이는 상을 멜 채를 꿸 곳이며 또 조각목으로 그 채를 만들고 금으로 싸라 상을 이것으로 멜 것이니라 너는 대접과 숟가락과 병과 붓는 잔을 만들되 순금으로 만들며 상 위에 진설병을 두어 항상 내 앞에 있게 할지니라"(출 25:23-30)

"너는 고운 가루를 가져다가 떡 열두 개를 굽되 각 덩이를 십분의 이 에바로 하여 여호와 앞 순결한 상 위에 두 줄로 한 줄에 여섯씩 진설하고 너는 또 정결한 유향을 그 각 줄 위에 두어 기념물로 여호와께 화제를 삼을 것이며 안식일마다 이 떡을 여호와 앞에 항상 진설할지니 이는 이스라엘 자손을 위한 것이요 영원한 언약이니라 이 떡은 아론과 그의 자손에게 돌리고 그들은 그것을 거룩한 곳에서 먹을지니 이는 여호와의 화제 중 그에게 돌리는 것으로서 지극히 거룩함이니라 이는 영원한 규례니라"(레 24:5-9)

🍃 조각목으로 만들고, 정금으로 쌌다.

🍃 가로= 2규빗, 세로= 1규빗, 높이= 1규빗 반

🍃 금고리 네 개가 양쪽 둘씩 있다.

🍃 정금으로 대접과 숟가락, 병과 잔을 만들어 떡과 함께 놓았다.

☗ 떡 열 두 덩이가 두 줄로 놓여 있다.

이 떡은 히브리어 '레헴파님'으로 '얼굴의 떡', '면전의 떡'이라는 뜻이다.

매 안식일(주일)마다 새 떡으로 바꾸어 놓았다.

_____

_____

_____

_____

☗ 떡상은 히브리어로 '술한'으로 '식탁'이라는 뜻으로 제사용으로 쓰임 받는 구별된 상을 의미한다.

_____

_____

_____

_____

☞ 떡상은 조각목으로 만들었고 그 위에 금으로 쌌다.

☞ 성소의 떡상은 문 입구에 들어가면서 북편에 위치하고 있으며 북편은
'어둠과 박해'를 의미하며 '흑암의 권세의 처소'를 의미한다.

떡을 만드는 레시피

🍪 고운가루로 만들어야 한다. (레 24:5)

🍪 기름으로 반죽되어져야 한다. (레 2:4)

🍪 소금이 반드시 들어가야 한다. (레 2:13)

🍪 누룩과 꿀을 넣으면 절대 안 된다. (레 2:11)

🍪 떡은 골고루 잘 익혀야 한다. (딤전 3:8-10)[4]

_____

4) 사명자의 삶과 인격

떡을 먹는 예법(법칙)

🥮 거룩한 곳에서 먹어야 한다. (성소 안)

🥮 구별된 사람이 먹는다. (제사장들)

🥮 금등대의 불빛을 받으면서 먹어야 한다. (성령의 빛)

🥮 서서 먹어야 한다. (성소 안에는 의자가 없다)

🥮 허리를 굽혀서 먹어야 한다. (겸손)

_____

_____

_____

_____

_____

떡상이 주는 영적 교훈

🍞 상은 일반적으로 하나님의 사랑과 은총을 비유한다.
　(삼하 9:7[5], 시 23:5[6])

_____

_____

_____

_____

_____

🍞 성막 안에서 유일하게 먹을 음식인 떡이 있는 곳이 진설병 상이다.

_____

_____

_____

_____

_____

---

5) "…네게 은총을 베풀리라 … 너는 항상 내 상에서 떡을 먹을지니라 하니"(삼하 9:7)

6) "주께서 내 원수의 목전에서 내게 상을 차려 주시고…" (시 23:5)

🔹 조각목 나무는 예수 그리스도의 인성을 의미하며 금은 예수 그리스도의
  신성을 의미한다. 그러므로 떡상은 예수 그리스도이다.

  _____

  _____

  _____

  _____

  _____

🔹 떡상은 하나님이 받으시는 식탁(제사드리는 상)이다.
  하나님은 예수 그리스도의 떡상이 아니면 절대 받으시지 않으신다.

  _____

  _____

  _____

  _____

  _____

📖 예수 그리스도는 하나님과 인간 사이에 유일한 생명의 떡이시다.
(요 6:33, 요 6:51)

> "예수께서 이르시되 내가 진실로 진실로 너희에게 이르노니 인자의 살을 먹지 아니하고 인자의 피를 마시지 아니하면 너희 속에 생명이 없느니라 내 살을 먹고 내 피를 마시는 자는 영생을 가졌고 마지막 날에 내가 그를 다시 살리리니 내 살은 참된 양식이요 내 피는 참된 음료로다" (요 6:53-55)

_____

_____

_____

📖 떡상 위의 떡은 매 안식일마다 바뀌어졌고, 바뀌어진 떡은 성막 안의 거룩한 곳에서 제사장들이 먹었다.

_____

_____

_____

_____

_____

🍞 진설병 상의 떡은 기름을 섞어(레 2:5) 반죽하여 만들었고, 12개의 떡 위에는 유향 2병이 놓여 있어 먹을 때도 항상 기름과 함께 먹었다. 이와 같은 것은 하나님의 말씀은 성령의 인도하심과 동행하심으로 먹어야 한다는 것이다.

🍞 이 떡은 '말씀'을 의미한다. 예수님은 곧 말씀이시고 말씀은 곧 복음이며 복음은 예수 그리스도이기 때문이다. (요 1:14)

☙ 육신의 생명은 밥을 먹으면 살 수 있고, 영혼의 생명은 영적인 양식인 말씀을 먹어야만 생명을 얻고 보존할 수 있다. (마 4:4)

_____

_____

_____

_____

_____

☙ 성경 66권의 말씀은 하나님의 로고스 말씀이고, 이 말씀을 먹고 힘을 얻으며 살아가는 자에게는 레마의 말씀으로 열매가 맺혀진다. (딤후 3:16-17)

_____

_____

_____

_____

_____

☙ 로고스의 말씀이 레마의 법칙으로 바뀌게 되면 하나님의 말씀 안에 있는 은혜와 능력, 은사, 축복은 충만한 은혜의 강물이 된다.

☙ 떡상에서 받는 최고의 축복은 인간의 결핍에서 예수 그리스도의 풍요로 바뀌는 축복이다.

🍞 예수 그리스도의 풍요는 영적 누림/ 혼적 만족과 자유함/ 육적 감사와 여유 vs 인간의 결핍은 믿음의 결핍(믿음의 결핍은 무능력)/사랑의 결핍(불안정)/한계와의 결핍(두려움)

🍞 떡상은 예수 그리스도와의 사역의 일치를 목표로 삼는다.
예수님의 사역의 특징은 풍요와 나눔이다.
(가나 혼인 잔치, 빈들의 잔치 오병이어, 광야에서의 풍요(만나와 물))

📖 생명의 떡이신 예수 그리스도는 결핍이 없는 만족을 주시는 분 하나님이
시다. 인간은 하나님을 향한 목마름과 배고픔이 있어야 하나님을 사모하
게 된다.

_____

_____

_____

_____

_____

_____

📖 광야는 생명을 지탱할 시스템이 없는 장소이지만 택한 백성들에게는 풍
요를 느끼는 기적의 장소이기도 하다.

_____

_____

_____

_____

_____

_____

🍚 예수님의 발에 향유를 부은 마리아의 풍요

플라톤
"욕망은 자신에게 결여되어 있는 결핍에 대한 사랑이다. 결핍이 깊을수록 욕망이 높다."

_____

_____

_____

_____

_____

_____

"십자가의 댓가는 은혜이고, 은혜의 댓가는 사명이며 사명의 열매는 사랑이다."
언약의 피안에 흐르는 하나님의 사랑이 곧 예수님의 사랑이다.
(대속의 사랑 안에는 책임 있는 사랑, 섬기는 사랑, 진리를 기초한 사랑,
회복의 사랑, 친밀한 사랑이 담겨 있다.)

Note.

5. 촛대(등잔대, The Golden Lampstand)

촛대의 식양

"너는 순금으로 등잔대를 쳐 만들되 그 밑판과 줄기와 잔과 꽃받침과 꽃을 한 덩이로 연결하고 가지 여섯을 등잔대 곁에서 나오게 하되 다른 세 가지는 이쪽으로 나오고 다른 세 가지는 저쪽으로 나오게 하며 이쪽 가지에 살구꽃 형상의 잔 셋과 꽃받침과 꽃이 있게 하고 저쪽 가지에도 살구꽃 형상의 잔 셋과 꽃받침과 꽃이 있게 하여 등잔대에서 나온 가지 여섯을 같게 할지며 등잔대 줄기에는 살구꽃 형상의 잔 넷과 꽃받침과 꽃이 있게 하고 등잔대에서 나온 가지 여섯을 위하여 꽃받침이 있게 하되 두 가지 아래에 한 꽃받침이 있어 줄기와 연결하며 또 두 가지 아래에 한 꽃받침이 있어 줄기와 연결하며 또 두 가지 아래에 한 꽃받침이 있어 줄기와 연결하게 하고 그 꽃받침과 가지를 줄기와 연결하여 전부를 순금으로 쳐 만들고 등잔 일곱을 만들어 그 위에 두어 앞을 비추게 하며 그 불 집게와 불 똥 그릇도 순금으로 만들지니 등잔대와 이 모든 기구를 순금 한 달란트로 만들되 너는 삼가 이 산에서 네게 보인 양식대로 할지니라" (출 25:31-40)

"너는 또 이스라엘 자손에게 명령하여 감람으로 짠 순수한 기름을 등불을 위하여 네게로 가져오게 하고 끊이지 않게 등불을 켜되 아론과 그의 아들들로 회막 안 증거궤 앞 휘장 밖에서 저녁부터 아침까지 항상 여호와 앞에 그 등불을 보살피게 하라 이는 이스라엘 자손이 대대로 지킬 규례이니라" (출 27:20-21)

(★출 37:17-24 참고)

🍂 정금 한 달란트를 쳐서 만들었다.

_____

_____

_____

_____

_____

🍂 살구꽃 형상의 꽃과 잔, 받침을 만들었다.

_____

_____

_____

_____

_____

🍫 양쪽에 세 가지가 있고, 한 가운데 한 줄기로 연합되어 있다.

_____

_____

_____

_____

_____

🍫 촛대의 뜻은 히브리어 '메노라'로 '등불, 등대, 촛대'라는 의미를 가지고 있다.

_____

_____

_____

_____

_____

◆ 북편에 진설병이 놓여 있고 남편에는 등대를 놓아 떡상과 마주하게 되어
  있다. (출 26:35)

◆ 성막 안에는 창이 없다. 위도 완전히 덮여 있어 외부의 빛은 없다.
  오직 촛대의 빛만 있을 뿐이다. (레 24:2, 마 5:14)

촛대가 주는 영적 교훈

🔹 촛대는 보기에는 7가지로 보이지만 가운데 한 가지를 중심으로 좌우로 세 개씩 대칭을 이루고 있다. 좌우 합하여 6가지는 불완전한 인간을 의미한다. 그러나 예수 그리스도와 함께 있을 때 7개로 완전해지는 것이고 좌우가 중심인 예수 그리스도로 연합될 때 성령의 열매가 맺혀지는 것이다. (예수 안에서 하나 되는 연합을 의미) (요 15장)

🔹 촛대는 모양이 살구꽃 형상(아몬드 나무)이다. 살구꽃은 팔레스타인지방에서 겨울을 지나 가장 먼저 피는 꽃이다. 이것의 의미는 예수 그리스도의 부활이며 부활의 능력을 믿는 성도들을 의미한다.

☙ 촛대는 정금 한 달란트를 붓거나 입혀서 만들지 않고 반드시 쳐서 만들었다. (민 8:4)
이것은 예수 그리스도의 고난이며 성도의 고난과 연단, 훈련 후에 온전한 모양으로 서는 것을 의미한다.

_____

_____

_____

_____

☙ 촛대는 오직 감람유를 사용해서 빛을 비추었는데 이 감람유는 성령의 임재를 뜻한다. 촛대 자체가 예수 그리스도이시며 부활하신 예수 그리스도로 말미암아 오실 성령님이며 성령으로 말미암아 맺혀질 열매들을 통한 맛을 의미하고 있다. (빛과 열매의 맛)

_____

_____

_____

_____

촛대의 특징

🔲 생명의 법칙

가지는 나무에 꼭 붙어 있어야만 산다. 죄를 지은 인간은 예수의 피에 접목되어야만 살 수 있는 불변의 생명의 법칙을 말해 주고 있다.

_____

_____

_____

_____

🔲 열매의 법칙

나무는 그 열매를 보면 무슨 종자의 나무인지를 분별할 수 있다. 예수 그리스도 안에 붙어 있는 성도라면 성령의 9가지 열매가 맺혀지게 될 것이다. (자신의 열매를 확인해 보자.)

_____

_____

_____

_____

🔖 죽음의 법칙

가지가 나무에 붙어 있다가 떨어지면 말라 죽는다.

성도가 예수님과 멀어지게 되면 말씀을 떠나게 되고 예배가 부담이 되고 기도보다 망상에 빠지게 되고 세상적 문화에 휩쓸리는 삶을 살게 된다. 그의 마지막은 죽음의 결과를 맞게 된다.

🔖 축복의 법칙

하나님과 예수 안에서 하나가 될 때 그 분의 풍요함을 누리게 된다. 말씀으로 하나가 되고 사랑으로 하나가 되면 세상의 모든 것을 다 잃을지라도 보이지 않는 자족과 풍요를 경험하게 된다.

🕮 사명의 법칙

성소 안에는 창문이 없고 외부에서 들어오는 빛도 없다. 오직 금촛대의 일곱 등잔의 빛으로 성소 안은 황금빛이 찬란하게 된다. 사명자는 내적인 빛으로 자기 자신을 비추어 볼 수 있어야 하고 외적인 빛으로 세상의 영향력을 끼칠 수 있어야 한다. (계 1:20, 요 8:12)

_____

_____

_____

_____

_____

살구꽃의 의미

🕮 촛대의 줄기와 가지에 있는 잔과 받침은 살구꽃 형상으로 만들어져 있다.

_____

_____

_____

_____

_____

🕮 살구꽃(아몬드 나무)은 히브리어 '샤가드'로 '파수꾼, 망을 보다', '잠을
자지 않고 지키다', '쉬지 않고 지켜 주신다'라는 뜻을 가지고 있다.

_____

_____

_____

_____

_____

🕮 살구꽃은 겨울이 지나고 가장 먼저 피는 꽃이다. 이것은 예수 그리스도
의 부활을 상징한다. 또한 살구꽃은 찧으면 찧을수록 그 향기가 풍겨 나
온다.

_____

_____

_____

_____

_____

☙ 아론의 지팡이에는 이러한 영적인 의미를 담고 있는 살구꽃이 피었고 열매까지 맺혔다. (민 17:8)

_____

_____

_____

_____

_____

☙ 살구꽃은 무한한 축복을 의미한다.
야곱이 삼촌 라반과 품삯 때문에 약속을 받는 데에도 버드나무와 살구나무, 신풍나무를 이용하여 라반의 재산을 거의 다 소유하는 갑부가 되었다. (창 30:37-43)

_____

_____

_____

_____

_____

Note.

5
지성소
(The holy of Holies)

"하나님의 존전에 서다.
지성소 신앙으로 지각변동을 일으켜라"

법 궤
(The Ark of the Covenant)

·

속죄소(시온소, 시은좌)
(The Mercy Seat)

·

성소에서 회복되는 에덴

1. 지성소의 법궤(The Ark of the Covenant)

지성소의 법궤의 식양

"그들은 조각목으로 궤를 짜되 길이는 두 규빗 반, 너비는 한 규빗 반, 높이는 한 규빗 반이 되게 하고 너는 순금으로 그것을 싸되 그 안팎을 싸고 위쪽 가장자리로 돌아가며 금 테를 두르고 금 고리 넷을 부어 만들어 그 네 발에 달되 이쪽에 두 고리 저쪽에 두 고리를 달며 조각목으로 채를 만들어 금으로 싸고 그 채를 궤 양쪽 고리에 꿰어서 궤를 메게 하며 채를 궤의 고리에 꿴 대로 두고 빼내지 말지며 내가 네게 줄 증거판을 궤 속에 둘지며 순금으로 속죄소를 만들되 길이는 두 규빗 반, 너비는 한 규빗 반이 되게 하고 금으로 그룹 둘을 속죄소 두 끝에 쳐서 만들되 한 그룹은 이 끝에, 또 한 그룹은 저 끝에 곧 속죄소 두 끝에 속죄소와 한 덩이로 연결할지며 그룹들은 그 날개를 높이 펴서 그 날개로 속죄소를 덮으며 그 얼굴을 서로 대하여 속죄소를 향하게 하고 속죄소를 궤 위에 얹고 내가 네게 줄 증거판을 궤 속에 넣으라 거기서 내가 너와 만나고 속죄소 위 곧 증거궤 위에 있는 두 그룹 사이에서 내가 이스라엘 자손을 위하여 네게 명령할 모든 일을 네게 이르리라" (출 25:10-22)

🛶 조각목으로 만들었고, 정금으로 안과 밖을 쌌다.

_____

_____

_____

_____

🛶 가로= 2규빗 반, 세로= 1규빗 반, 높이= 1규빗 반

_____

_____

_____

_____

🛶 금고리 네 개를 정금으로 만들고 양쪽에 둘 씩 달았다.

_____

_____

_____

_____

🔹 단 상단 부분에 금테를 만들었다.

🔹 법궤 안에는 십계명, 만나 항아리, 아론의 싹 난 지팡이가 있다.

🔹 법궤 윗 부분은 속죄소로 연합이 되어 있다.

지성소의 법궤가 주는 영적 교훈

🛐 법궤의 뜻은 히브리어 '아론'으로 '궤…, 관…, 상자'라는 의미를 가지고 있으며 실제로는 증거판을 넣는 궤라는 의미로 쓰였다. '베리트'는 언약이 담긴 궤라는 뜻도 함께 가지고 있다.
즉 십계명은 언약의 말씀이며 법의 말씀으로 십계명 판에 말씀이 담긴 궤라는 의미이다.

_____

_____

_____

🛐 법궤는 성막 안의 가장 거룩한 곳(지성소)에 있었고, 성소 안에서 가장 거룩한 성물이다.

_____

_____

_____

🛐 법궤 위 뚜껑에는 속죄소가 있고, 두 그룹(천사)이 양편에서 날개를 펴서 덮고 있다. (출 25:16)

_____

_____

_____

✦ 법궤의 여러 명칭들

번호	명 칭	성 경	의 미
1	법 궤	레 16:2	하나님의 약속의 법인 십계명을 넣어둔 책
2	증거궤	출 25:22	그리스도를 증거하는 말씀을 넣어둔 궤
3	여호와의 언약궤	민 10:33	하나님의 언약의 말씀을 넣어둔 궤
4	여호와의 궤	수 3:13	여호와 하나님께 속한 궤
5	주의 권능의 궤	시 132:8	하나님의 권능이 나타나는 궤
6	거룩한 궤	대하 35:3	거룩한 하나님이 임재하고 계신 궤

✦ 구약의 법궤는 하나님의 임재의 처소였고, 신약의 법궤는 예수 그리스도
를 상징한다.

📖 법궤 안에 있는 세 가지와 예수 그리스도

십계명= 율법을 완성시키신 예수님
만나 항아리= 말씀이 육신이 되신 예수님
아론의 싹난 지팡이= 사망, 권세를 이기시고 부활하신 예수님

_____

_____

_____

_____

📖 법궤(예수 그리스도)는 그리스도인의 삶에 우선순위가 되어야 한다.

_____

_____

_____

_____

_____

🕮 예수 그리스도가 십자가에서 운명하실 때 지성소의 휘장이 찢어짐은 성부 하나님이 육신의 옷을 입고 예수님으로 우리에게 오셨고(요1:14, tabernacled among us), 예수님이 부활하심으로 성령님을 우리에게 보내 주셨다.

🕮 광야 40년 동안에 성막이 41번을 이사했는데, 그 때에도 법궤는 제일 선봉에서 진행되었고 전쟁 때에도 법궤는 맨 앞에서 행진하였다.
이것은 그리스도인들의 삶이 생활신앙으로 예수님이 삶의 일순위가 되는 진리를 말해 주고 있다.

📖 법궤가 있으면 기적이 일어난다.

첫째, 법궤가 가는 곳에 하나님의 은혜와 축복이 임한다.
　　(오벧에돔의 가정, 삼하 6:11)

둘째, 법궤(예수 그리스도)는 하나님이 인간에게 주신 최고의 선물이다.

셋째, 법궤는 피 없으면 만날 수가 없다.
　　(죄 사함 받는 곳, 천국의 티켓, 하늘과 땅의 권세)

넷째, 법궤(예수 그리스도)가 있는 곳에는 불과 구름 기둥으로 삶을 인도하신다.

다섯째, 법궤(예수 그리스도)는 모든 것을 초월하는 무한대의 은혜가 있다.

"지성소의 법궤는 인카네이션 되신 예수 그리스도의 상징이다."
(tabernacled among us)

Note.

2. 지성소의 속죄소(시온소, 시은좌, The Mercy Seat)

지성소의 속죄소의 식양

"순금으로 속죄소를 만들되 길이는 두 규빗 반, 너비는 한 규빗 반이 되게 하고 금으로 그룹 둘을 속죄소 두 끝에 쳐서 만들되 한 그룹은 이 끝에, 또 한 그룹은 저 끝에 곧 속죄소 두 끝에 속죄소와 한 덩이로 연결할지며 그룹들은 그 날개를 높이 펴서 그 날개로 속죄소를 덮으며 그 얼굴을 서로 대하여 속죄소를 향하게 하고 속죄소를 궤 위에 얹고 내가 네게 줄 증거판을 궤 속에 넣으라 거기서 내가 너와 만나고 속죄소 위 곧 증거궤 위에 있는 두 그룹 사이에서 내가 이스라엘 자손을 위하여 네게 명령할 모든 일을 네게 이르리라" (출 25:17-22)

🕮 정금으로 만들었다.

_____

_____

_____

🕮 가로= 2규빗 반, 세로= 1규빗 반으로 만들었다.

_____

_____

_____

🔹 그룹 둘을 정금으로 쳐서 만들었고, 속죄소 양 끝에서 날개를 펴서 속죄소를 덮고 얼굴을 마주 대하고 속죄소를 향하게 하여 속죄소와 한 덩어리가 되게 했다.

🔹 속죄소는 법궤 윗부분에 얹어서 법궤와 하나가 되게 했다.

지성소의 속죄소가 주는 영적 교훈

☗ 속죄소는 히브리어 '카포레트'인데, '뚜껑'이라는 뜻으로 '속죄하다', '용
서하다', '죄를 덮다'라는 의미를 갖고 있다.

☗ '속죄'로 번역되는 영어 단어는 'atonement'이다. 이 단어의 구성을 살펴
보면 'at + one + ment(...이 되다)', 즉 '하나님과 하나 된다'(making one
with God)는 의미이다. 이는 예수 그리스도의 속죄 사역의 근본 목적이
하나님과의 관계를 회복하여 화목하게 되는 것임을 나타낸다.
(롬 3:25)[7] 이 말씀에서 '화목제물'로 번역된 헬라어 '힐라스테리온'의 뜻
이 바로 '속죄소'이다. 이와 같이 속죄소는 하나님과 분리된 인간을 연합
시키려고 화목제물이 되신 예수 그리스도를 예표한다.

---

7) (롬 3:25) "이 예수를 하나님이 그의 피로써 믿음으로 말미암는 화목제물로 세우셨으니 이는 하나님께서 길
이 참으시는 중에 전에 지은 죄를 간과하심으로 자기의 의로우심을 나타내려 하심이니"

☙ 속죄소는 하나님의 영광의 보좌, 하나님의 임재, 하나님을 만나는 유일
한 장소이다.

☙ 속죄소는 인간의 모든 죄를 용서받는 장소이기도 하다. (용서하시는 하
나님)

- 대 속죄일날(7월 11일) 대제사장은 지성소에 들어가서 하나님을 만나기 위해 먼저 죄를 용서받는 속죄죄의 제물의 피를 갖고 들어가서 속죄소 위에다 일곱 번 피를 뿌려야 한다.
  첫 번째는 자신을 위한 피이고, 두 번째는 백성을 위한 피를 뿌려야 한다.

- 범죄한 인간은 예수 그리스도의 피로서 용서받고, 예수 그리스도를 믿는 정금 같은 순수한 믿음으로서만이 구원받아 영원한 하나님 나라에 들어 갈 수 있다.

Note.

3. 성소에서 회복되는 에덴

🔹 성막은 히브리어 '미쉬칸'이라고 하는데, 이 말은 '여호와의 집'이라는 뜻이다. 집마다 그 집의 명패가 붙어 있듯이 성막의 기명 하나 하나가 예수님의 명패가 붙은 신비로운 집이다. 예수님의 이름표가 붙은 이 성막을 내 안에 세워야 한다(내재화). (고전 3:16)

🔹 성막은 창세기 2장의 에덴의 모형이다.
죄로 인해 에덴에서 추방되어 있던 인간이 예수 그리스도의 초대로 인하여 믿음으로 성소에 입성하였다. 성소의 분향단에서 예수님의 인격과 일치하여 자신만의 슈퍼 자아를 찾고, 결핍된 인간이 십자가의 은혜의 댓가로 사랑의 떡상을 따라 갔다. 떡상을 통해 예수님의 사명과 일치시킨 후 촛대(등잔대)에서 소망의 삶으로 성령의 열매를 통해 그리스도의 향기와 맛 그리고 빛으로 나아간다. 이를 통해 영향력을 끼치는 움직이는 성전으로 성막의 은혜를 누리며 은혜가 실제가 되는 삶을 살아야 한다.

Note.

하나. 성막은 복음의 로드맵이다.

성막을 통해 영적 체질로 바꾸어라.

첫 째, 하나님이 어떤 분이신지 아는가?

둘 째, 나를 향한 하나님의 뜻이 무엇인지 아는가?

셋 째, 하나님의 뜻을 이루기 위해 순종하고 있는가?

넷 째, 순종의 결과로 맺어진 열매가 하나님의 은혜임을 고백하는가?

다섯째, 하나님의 영광에 참여하는가?

_____

_____

_____

_____

성막을 통해 관계 회복을 일으켜라.

_____

_____

_____

_____

🔲 성막 안에 담긴 십자가 사랑의 너비와 깊이, 넓이만큼 자신의 사고와 마음을 넓혀라.

_____

_____

_____

_____

_____

🔲 영적인 눈을 열어 자신의 속사람을 관찰하라. 그리고 피의 속성인 피로 풀어낸 보혈의 신비를 경험하라.

_____

_____

_____

_____

_____

☙ 내면의 7가지 죄와 정면으로 대면해 보자. 성막을 거부하는 내적인 죄들이다. (탐욕, 시기, 분노, 정욕, 과식, 태만, 교만)

_____

_____

_____

_____

_____

☙ 하나님 사랑을 거절하지도 누리지도 못하는 불량자가 되지 말아라.
(멘토와의 관계에서도 대입해 보라)

_____

_____

_____

_____

_____

☙ 사단을 이길 무기가 성막이다. 성막 안에는 분별력 있는 용서와 사랑의
신비가 있다.

_____

_____

_____

_____

_____

☙ 종교인의 옷을 벗고 위선의 옷을 벗고 진리 안에서 자유하라.
성막을 내면에 내재시키는 만큼 죄에서 자유해진다.

_____

_____

_____

_____

_____

둘. 성막의 은혜를 누려라

💊 나의 빈 곳을 채워야 보좌의 축복을 누린다.

> 사단이 사용하는 곳
> ▪ 다른 것(더 좋은 것이라는 함정) 창 3:1-13
>   (사단은 올인을 차단한다.)
> ▪ 근본적인 문제 DNA로 인한 옛 것을 차단하라.
> ▪ 상처(쓴뿌리)제거하지 않으면 걸림돌이 된다.

💊 은총을 입은 자의 삶은 지혜의 삶이다.
- 삶의 변화는 생활신앙으로 바뀐다.
- 관계의 변화를 실감해라.
- 문제 속에서 답을 찾아라.
  (은혜 속에 답이 있다. 내 틀을 깨면 하나님 관점에서 답이 보인다.)

☙ 은혜가 실제가 되게 하라. (은혜를 누리는 자)

십자가의 값은 은혜이고 구원의 값은 용서이다.

은혜 위에 은혜를 고백하는 자는 자비가 덮인 자이다.

_____

_____

_____

_____

_____

_____

★ 성막의 은혜를 누리기 위해서는 인격이 될 때까지 끈기 있게 도전하고 인내하라.

★ 방향과 목표가 옳으면 결과에 연연하지 말라.

★ 성막에 내재되는 만큼 육체의 생각, 가치관이 바뀐다.

셋. 성막과 5가지 제사

🔲 번제단에서 드려지는 제사의 종류

1. 번 제 – 동물의 가죽을 제외하고 모든 부위를 태워서 드리는 제사

2. 소 제 – 곡물을 이용한 피 없는 제사

3. 화목제 – 하나님과 사람 사이의 화평을 위한 제사

4. 속죄제 – 하나님의 성물을 범하거나, 계명을 어겼을 때,
            이웃에게 손해를 끼쳤을 때 드리는 제사

5. 속건제 – 죄를 속하기 위한 제사

_____

_____

_____

_____

🜛 번제단에서 드려지는 제사의 종류

1. 화 제 - 불로 태워 드리는 제사

2. 거 제 - 제물을 높이 들고 아래로 내리는 방법

3. 요 제 - 제물의 가슴을 흔들고 곡식단을 흔들어 드림

4. 전 제 - 포도주나 독주를 다른 제물과 함께 부어 드림

★ 죄와 거룩하신 하나님과는 함께 갈 수 없다.
죄는 하나님의 임재를 밀쳐 내지만 하나님의 임재는 죄를 깨뜨린다.
★ 삶과 예배는 분리될 수 없다. 탁월한 삶이 아닌 거룩한 구별된 삶!
부름받지 않은 것에 힘쓰지 말고 부름받은 것에 힘쓰라!

넷. 성막과 절기 속에 계신 예수 그리스도

레위기 23장 참고

제 1절기(유월절) - 예수 그리스도의 죽음

제 2절기(무교절) - 예수 그리스도의 친교

제 3절기(초실절) - 예수 그리스도의 부활

제 4절기(칠칠절) - 예수 그리스도와 성령의 교대

제 5절기(나팔절) - 예수 그리스도의 성도 부름

제 6절기(속죄절) - 예수 그리스도의 사죄

제 7절기(초막절) - 예수 그리스도의 성도 추수

★성막으로 내면을 강화(회복)하고, 절기로 교회를 부흥(회복)하라.

다섯. 성막과 에덴을 통한 생활신앙

🧱 성막은 복음의 신비이다.
　확장되는 복음- 들려지는 복음- 보여지는 복음

_____

_____

_____

_____

_____

🧱 성막신앙은 그리스도인의 생활의식과 습관의식을 변화시킨다.

1. 기본인식변화
　☁ 하나님의 존재와 그의 성품을 깨닫게 된다.
　☁ 만물과 인간의 근원을 알게 된다.
　☁ 인간의 무한한 욕심과 결핍을 깨닫게 된다.
　☁ 믿음과 구원의 위력은 새 창조의 회복까지의 능력이다.
　☁ 깨달으라. 천국이 너희 안에 있느니라.

_____

_____

_____

2. 팔복영성으로 율법을 완성하라.
　　◌ 거룩을 욕되게 하지 마라. (거룩이냐? 생존이냐?)
　　◌ 율법정신을 십자가정신으로
　　◌ 성령의 권위 있는 가르침
　　◌ 은밀한 금식(경건 훈련)
　　◌ 거짓된 의를 버려라(외식)

_____

_____

_____

_____

3. 내적인 행복과 외적인 사명(내적거룩/ 외적거룩)
　　◌ 세상의 용도는 거룩이라는 것이요 천국의 용도는 행복이란 것이다.
　　◌ 본질적 정체성을 잃지 마라. (역할, 책임, 사명)
　　◌ 존재의 가치성을 높여라. (자유의지, 선택, 순종)

_____

_____

_____

_____

☙ 은혜의 번제단 ⇒ 사명의 분향단 ⇒ 사랑의 떡상 ⇒ 촛대의 열매 ⇒ 지성소의 영광

☙ 가장 위대한 종교는 사랑이며 가장 위대한 신앙도 사랑이다. 사랑이 곧 하나님이시기 때문이다. (사명을 넘어 사랑을 경험하라!)

1. 나의 상태와 상관없이 성막 안에 들어가는 것이 하나님께 가까이 나아가
는 길임을 확신하는가?

_____

_____

_____

_____

2. 성막이 내 안에 내재되면 모든 관계의 변화가 일어남을 확신하는가?

_____

_____

_____

_____

3. 성막이 중심이 되면 하나님과 친밀한 자리, 하나님의 발등상이 됨을 확
   신하는가?

_____

_____

_____

_____

4. 성막이 예수님의 전인적인 예표임을 확신하는가?

_____

_____

_____

_____

5. 전인적인 영성의 회복으로 성막에 올인할 결단이 섰는가?

_____

_____

_____

_____

Why, 성막인가?

우리는 예수님께서 내 죄를 짊어지고 죽으셨다는 말씀을 얼마나 많이 들었던가? 미국에서 경건운동을 하고 있는 '아미쉬 공동체'에서는 전기를 쓰지 않는다. 전기를 쓰면 텔레비전을 보게 되고 그러면 죄가 들어온다고 생각하기 때문이다. 200년 동안 전기도 쓰지 않고 자동차 한 대도 없이 43,000명이 사는데, 자동차가 있으면 놀러가고 싶은 유혹이 있을까봐 원시생활 비슷하게 하면서 예수님을 기다리는 공동체이다. 이것이 보수이고 경건이라는 것을 알았다. 이들이 이렇게 살아가는 뿌리에는 마을 중앙의 성막이 있었다. 이들을 통해 성막이 바로 예수님이라는 것을 알게 되었다. 짐승 피가 예수 피로 예수의 죽음으로 이어지는 복음의 뿌리라는 것을 알게 되었다.

성경은 예수님에 대한 이야기가 전부라 해도 과언이 아니다. 창세기를 통해 하나님의 사랑을 진심으로 깨달았다면, 요한복음을 통해 예수님에 대한 실체를 깨닫게 하셨다. 그런데 성막을 통해 주시는 은혜는 너무도 나에게 큰 은혜였다. 성막과 예수님, 성막과 교회론, 성막과 예배론까지... 성막 공부를 하다보니 예수가 너무 좋았고 복음이 너무 좋았다. 성막복음은 나의 내면과 삶에 지각변동을 일으켜 줄 것 같은 기대감이 있다.

성막은 왜 공부해야 하는가? 사람들은 신약 시대, 성령 시대인데 왜 굳이 성막을 공부해야 하냐고 묻는 사람이 있을 것이다.

첫째, 하나님을 만날 수 있는 길을 발견하게 된다. 아담과 하와는 하나님의 식구였다. 하나님과 같이 살던 그들이 먹지 말라고 한 선악과를 먹은 후 죄인이 된다. 그 후 인간들은 모두 예수 안 믿으면 지옥에 간다. 에덴동산

이후 인간의 가장 큰 문제는 하나님을 만나는 것이다. 조금 못 가져도 못 알아도 하나님을 만나면 된다. 성막에서 가장 귀중한 것이 법궤이다. 그런데 하나님께서 법궤를 말할 때 거기서 내가 너를 만나겠다고 하셨다. 성막은 하나님이 우리를 만나 구원시키실 선물이다. 문에서 예수 믿고, 번제단에서 죄를 버리고, 물두멍에서 성령을 받고, 성소로 들어가 등잔에서 빛 된 생활을 하고, 떡상에서 떡을 먹어 영적 건강을 얻고, 분향단에서 기도를 하고, 지성소에 들어가 거기서 내가 하나님을 만나게 되는 것이다. 그래서 성막을 한 마디로 하면 하나님을 만나는 약도이다. 문은 항상 동쪽으로 내고 법궤는 서쪽으로 있다. 물리적 거리는 50미터이지만 그 과정은 얼마나 까다로운지 시편 기자가 '동이 서에서 먼 것 같이'라고 한 것은 성막을 보고 말씀하신 것이다. 성막을 공부하면 하나님을 만나러 가는 길을 발견한다.

둘째, 예수를 바로 알고 바로 믿게 된다. 예수를 바로 보는 안경은 세 가지가 있다. 첫 번째 안경은 요한복음 5장 19 "너희가 영생을 얻고자 성경을 상고하거니와 이 성경이 내게 대해 상고하는 것이니라" 두 번째 안경은 요한복음 5장 "모세를 믿었다면 또 나를 믿었으리라" 모세 오경 80-90이 성막이다. 창세기에서 법궤 탄생에서부터 대부분이 성막이다. 세 번째 안경 고린도전후서 3장에 보면, 우리가 이와 같은 소망이 있으니 모세가 장차 없어질 것에 주목하지 못하게 하려고 수건을 썼거니와 오히려 지금도 수건을 쓰고 구약을 보나 예수로 그 수건이 벗어지리라 말씀하신다. 수건을 쓰고 보니까 예수가 안 보이지 수건을 벗으면 구약이 예수 이야기이다. 구약이 대부분 성막 이야기이기 때문에 구약도 예수 이야기이다.

셋째, 성막은 죄인의 구원 장소이기 때문이다. 우리 모두는 죄인이다. 죄인은 모두 구원받아야 한다. 우리가 어떻게 구원받아야 하는지 성막은 잘 가르쳐 준다. 죄의 값은 세 가지이다. 벌금형, 감옥형, 사형.. 선악과를 먹는 날에는 벌금형, 징역이 아니라 사형이었다. 그래서 죄값은 사형이다. 예수가 이 죄를 위해서 죽어주신 것이다. 예수가 없을 때는 소, 양, 염소, 비둘기 가운데 흠 없는 수컷을 드렸다. 수건을 벗으면 흠 없는 수컷은 예수시다. 그 흠 없는 수컷을 끌고 와서 안수해야 한다. 안수 안 한 동물은 동물이고 안수하면 제물이다. 그 동물에 안수하면 안수에 의해 제물이 되는 것이다. 그러면 안수는 제사장이 할까? 죄인이 할까? 죄인이 하는 것이다. 안수는 전가다. 안수를 통하여 죄가 그 동물에게 들어간다. 제사장이 죽일까? 죄인이 죽일까? 제사장이 아니라 죄인이 죽인다. 내가 죽어야 할 것을 대신 이 동물이 죽는구나! 그 동물을 죽임으로 내 죄가 사함 받는 것이다. 그 때 죄인은 제단 뿔을 붙들고 자기 대신 죽는 동물을 바라보며 제사장들은 나팔을 불어준다. 나팔 소리는 환희의 소리이다. 죄 사함을 받은 기쁨을 나팔로 표현한 것이다. 그래서 성막은 보이는 복음이고 성경은 읽는 복음이다. 그렇기 때문에 성막은 접으면 예수가 되고 예수를 펼치면 성막이 되는 것이다. 성막과 예수는 하나이다. 성막을 공부하면 죄인이 구원받는 정확한 진리를 배울 수 있다.

넷째, 성막은 영적인 속근육을 키워준다. 성경에서 50장이 성막을 이야기한다. 출13, 레18, 민13, 신2, 히4 성경 50장은 성막만 이야기하고 있다. 성막을 알면 성경이 보인다. 천지창조가 겨우 11장이다. 성경에서 단일 주제로 가장 많은 부분이 바로 성막이다. 성경은 대부분이 예수님을 이야기하고 있다. 그러기에 성막을 알면 예수님을 알게 되고 예수님을 알면 삼위의 하나님을 알게 된다. 우리의 영적인 근육은 말씀을 통해, 하나님에 대한 믿음과 신뢰를 통해, 중생, 회복(부흥)사명, 확장으로 건강한 자아를 찾는 것이다.

다섯째, 성령이 인도하시는 생활이 어떤 것인지 알게 된다. 민수기 33장을 보면 진을 쳤다는 말이 41번 나온다. 그리고 여호수아 4장 19절에 요단을 건너 실로에 마지막 진을 쳤는데 이것은 성막의 완성이다. 이스라엘 백성이 그토록 원하던 가나안 땅에 성막이 정착된다. 마태복음 1장을 보면 아브라함부터 예수까지 42번 낳고 낳는다. 너무 신기하다. 성막은 42번에 완성하고 예수는 42대만에 오신다. 성막과 예수는 일치한다. 이스라엘이 42번 칠 때 단 한 번도 회의에 의해서 옮긴 적이 없다. 모세와 족장이 주장한 적이 없다. 꼭 구름기둥이 인도한다. 사실 밤에는 행진을 안 한다. 밤에는 불기둥이 보호한다. 구름기둥이 인도하고 불기둥이 보호한다. 성막공부를 하면 이렇게 이야기한다. 성막을 따라 살면 100% 신본주의 신앙을 배우게 된다. 철저한 성령의 인도함을 받게 된다. 순수한 신본주의 때문에 우리는 성막을 공부해야 한다.

여섯째, 신앙생활이 '생활신앙'으로 전환될 수 있다. 문에서 생명의 진리론, 번제단에서 죄와 구원론, 물두멍에서 신분의 변화와 정체론, 분향단에서 은혜와 인격론, 떡상에서 사명과 사랑, 촛대에서 첫 열매와 성령론, 법궤에서 부활론, 계시론을 공부하게 된다. 성막에는 교회론, 예배론도 들어 있어서 종합 비타민과 같다.

일곱째, 성막은 전인적 회복의 모형이다. 성경 전체에서 이보다 좋은 회복의 모형은 없다. 성막은 예수님의 모형이기 때문이다. 성막 모형은 에덴의 모형이요, 천국의 모형이기도 하다.

여덟째, 복 받는 길을 정확하게 가르쳐 준다. 하나님이 창조하신 것을 누리고 다스릴 수 있는 자격증을 획득하는 것이다. 성막을 통해서 우리는 회복할 수 있다. 거기서 내가 너와 만나고 최고의 축복을 받을 수 있는 길을 가르쳐 준다. 에덴의 회복을 기대하라.

아홉째, 영혼의 종합 진단을 받을 수 있다. 울타리에서 문을 통과하여 법궤까지 내 영혼을 진단할 수 있다. 믿음과 신뢰를 검진받아라. 구원, 영생에 대하여 검진받아라. 은혜의 수치를 점검받아라. 신분의 정체성을 확인하라. 기도 부족, 사명 부족, 사랑 부족이 진단된다.

열째, 하나님의 소수의 일꾼이 된다. 성막을 통하여 깊은 은혜를 누리며 사명을 받게 되고 그 사명의 결정적인 목적은 사랑임을 깨닫게 된다. 울타리에서 영역을 넓혀라. 울타리가 넓어지면 불법 건물이 보인다. 사고체계를 넓혀라. 번제단에서 은혜를 깊이 파라. 물두멍에서 씻을수록 새로운 자신을 발견하게 된다. 분향단에서 번제단의 은혜를 베이스로 인격의 향, 기도의 향, 사명의 향을 지펴라. 떡상에서 사랑의 나눔을 사명의 지표로 삼아라. 촛대에서 내적인 천국과 하나님의 나라를 향한 확장과 소망을 열매로 나타내어라. 영성은 깊게, 인격은 높게, 믿음은 크게, 이것이 소수가 지향하는 사명의 지경이다.

이런 의미에서 우리는 성막을 공부해야 한다.

성경이 읽는 복음이라면
성막은 보는 복음이다.